Glücksmomente

für jeden Tag

GROH

Foto: hxdbzxy/iStock/Thinkstock

Glück ist ...
die **bunte Vielfalt** des Lebens
zu schätzen wissen.

Jeder Tag hält unzählige kleine
Geschenke bereit – wunderbare
Glücksmomente, die es nur zu sehen
und zu entdecken gilt.

Lass dich überraschen,
was dir heute ein **Lächeln**
aufs Gesicht zaubert …

Foto: joda/fotolia

Freiheit ist nichts
Selbstverständliches,
in ihr zu leben ist
eine Kostbarkeit.

Lieselotte Schulz

Die Muße scheint Lust,
wahres Glück und
seliges Leben
in sich selbst zu tragen.

Aristoteles

Ich bin der Meinung,
ein wirkliches Glück
ohne **Müßiggang**
ist unmöglich.

Anton Tschechow

Foto: StockFood/Catja Vedder

Foto: Johny Schorle/Photocase

Überraschungen sind die

Abenteuer des Alltags.

Thomas Romanus

So viele Dinge erfreuen
Herz und Seele,
wenn du mit **offenen**
Augen schaust.

Katharina Eisenlöffel

Foto: Jacky Parker Photography/Moment Open/Getty Images

Die wesentliche **Voraussetzung** für Glück
ist die Bereitschaft, der zu sein, der man ist.

Erasmus von Rotterdam

Foto: aphotostory/iStock/Thinkstock

Das **Glück** ist in uns,
und sonst nirgends.

Heinrich Heine

Das **Leben** gibt dir
viele Chancen,
dein Glück zu finden.

Paul Hufnagel

Foto: jesslij/Photocase

Glück ist ...

... jeden Tag als
neue Chance
zu sehen ...

... und immer wieder
einen **Anfang** zu wagen.

Es blitzt ein Tropfen Morgentau im Strahl des Sonnenlichts,
ein Tag kann eine **Perle** sein und ein Jahrhundert nichts.

Gottfried Keller

Foto: complize/Photocase

Foto: Rosana Bell/Moment Open/Getty Images

Wenn wir das Glück in der
Bewegung nicht gefunden haben,
suchen wir es in der Ruhe,
um zu bemerken, dass es in
ruhiger Bewegung liegt.

Heinz Hector

Das **Glück** liegt
auf halbem Wege
zwischen zu viel
und zu wenig.

C. P.

Foto: cyooh/Photocase

Um den vollen Wert des
Glücks zu erfahren,
brauchen wir jemand,
um es mit ihm zu **teilen.**

Mark Twain

Foto: Jelena Veskovic/E+/Getty Images

Was ich tue? Nichts!

Ich lasse das **Leben** auf mich regnen.

Rahel Varnhagen

Unser ist der Augenblick,
lass uns den **genießen!**

Friedrich Rückert

Aufblühen

Foto: anandaBGD/iStock/Thinkstock

Lasst uns **dankbar** sein
gegenüber Menschen, die uns
glücklich machen.
Sie sind liebenswerte Gärtner, die
unsere Seele zum Blühen bringen.

Marcel Proust

Es braucht nicht mehr zum Glück
als einen liebevollen Menschen
für unser Herz und
einen blühenden Garten
für die **Seele.**

Angelika Emmert

Lasst uns
für unser Glück
sorgen, in den
Garten gehen
und arbeiten.

Voltaire

Foto: Johner/Getty Images

Alles loslassen und sich vom Wind
treiben lassen – so entdeckt man **Neues.**

unbekannt

In jedem Anfang liegt
ein **neues Glück.**

Paul Hufnagel

Die kleinen
Freuden
wärmen das
Herz.

aus Italien

Foto: StockFood/Foodcollection

So schnell vergeht ein Augenblick.
Aber das Glück, das er in
unser Herz getragen hat,
kann noch lange **Licht** und
Wärme schenken.

Irmgard Erath

Ruhe ist Glück –
wenn sie ein **Ausruhen** ist.

Ludwig Börne

Ein Plätzchen
im Grünen lädt
unsere Seele zum
Verweilen ein.

Angelika Emmert

Foto: plainpicture/Folio Images

Foto: Frank Kramer/Masterfile

Das große Glück
besteht aus allen glücklichen
Augenblicken
des Lebens.

Peter Friebe

Willst du immer weiter schweifen?
Sieh, das **Gute** liegt so nah.
Lerne nur das Glück ergreifen,
denn das Glück ist immer da.

Johann Wolfgang von Goethe

Zuversicht

Foto: daizuoxin/iStock/Thinkstock

Welch' großes

Glück in einem

Sonnenstrahl

liegt.

Johanna Rückert

Foto: StockFood/Brando Cimarosti

Glück ist ...

... einfach
in der **Sonne**
zu sitzen ...

... und das **Nichtstun**
zu genießen.

Wo einer
hin will, da tut
das **Glück**
die Tür auf.

Sprichwort

Foto: Flora Press/BIOSPHOTO/Laurie Hégo

Um zu leben, müssen wir
unaufhörlich **erobern** –
wir müssen den Mut
zum Glücklichsein haben.

Henri-Frédéric Amiel

Das Glück fällt dem zu,
der es am wenigsten
erwartet.

Federico García Lorca

Das weitaus
schönste
Glück – das
plötzliche.

Sophokles

Finde dein Glück
im **Gleichgewicht**
deiner Seele.

Viktor Levin

Foto: Jacky Parker Photography/Moment Open/Getty Images

Glück ist ...

die Früchte der eigenen Arbeit zu **pflücken.**

Das größte Glück des
Menschen ist, dass er selbst
Urheber seiner **Glückseligkeit** ist,
wenn er fühlt, das zu genießen,
was er selbst sich erworben hat.

Immanuel Kant

Wir unterschätzen keine
Pflicht so sehr wie die Pflicht,
glücklich zu sein.

Robert Louis Stevenson

Foto: StockFood/ETSA

Die beste Art, für einen glücklichen
Augenblick zu zahlen, ist, ihn zu **genießen.**

unbekannt

Die **schönsten Zeiten**
unseres Lebens sind jene Zeiten,
in denen wir glücklich sind und
andere an unserem Glück
teilnehmen lassen.

Ottilia Maag

Foto: mys/Photocase

Die Schönheit der Welt
ist für den **ruhigen Genuss**
geschaffen.

Johann Gottfried Herder

Foto: imging/iStock/Thinkstock

Bei **Lichte** besehen sind
Ruhe und Glück überhaupt dasselbe.

Theodor Fontane

Ruheoase

Foto: Flora Press/Magdalena Wasiczek

Das Glück ist wie ein
Schmetterling: Läufst du hinter
ihm her, wirst du es nie einfangen.
Setzt du dich ruhig hin, kann es
kommen und sich auf dir niederlassen.

Nathaniel Hawthorne

Vergiss nicht:
Man braucht nur wenig,
um ein glückliches **Leben**
zu führen.

Marc Aurel

Kleines Glück

ist auch Glück.

Rainer Kaune

Foto: Jacky Parker Photography/Moment Open/Getty Images

Foto: Karin Smeds/Folio Images/Getty Images

Glück ist ...

im Boden fest verwurzelt zu sein und dennoch

dem **Himmel** entgegenzuwachsen.

Sich ausbreiten wie ein Baum,
Erde fühlen, Kraft spüren,
dem **Licht** zuwenden.
Sonne atmen, mit Freude leben.

Else Pannek

Foto: videnovic/iStock/Thinkstock

Jeder **Tag** ist aufregend,
voller kleiner Überraschungen,
wie winzige, sich langsam
öffnende Knospen am
Baum des Lebens.

Lucy Maud Montgomery

Das Bewusstsein eines
erfüllten Lebens und die
Erinnerung an viele gute
Stunden sind das größte
Glück auf Erden.

Marcus Tullius Cicero

Foto: StockFood/Matteo Manduzio

Glück ist wie die Zeit –
beides können wir nicht festhalten, nur **genießen.**

Angelika Emmert

Foto: Yuji Takahashi/Getty Images

Das Glück ist keine

einfache Sache.

Schwierig: es in uns zu finden.

Unmöglich: es anderswo zu finden.

Nicolas Chamfort

Die Wärme
einer innigen Freundschaft
brütet laufend neue
Glücksmomente aus.

Yvonne Mölleken

Foto: Dirk70/Photocase

Glück ist ein Freund,
der unverhofft vor der Tür steht.

Angelika Emmert

Willst du das Glück
kennenlernen,
werde so still,
dass du das
Sichöffnen der
Blüte hörst.

aus Japan

Foto: Jacky Parker Photography/Moment Open/Getty Images

Wo **Geduld** wächst,
kann vieles blühen.

Thomas Romanus

Lebensfreude

Foto: YiuCheung/iStock/Thinkstock

„Leben ist nicht genug“,
sagte der Schmetterling.
„Sonnenschein, Freiheit
und eine **kleine Blume**
muss man haben!“

Hans Christian Andersen

Foto: Dave and Les Jacobs/Blend Images/Corbis

Es ist und bleibt ein Glück,
vielleicht das Höchste,
frei **atmen** zu können.

Theodor Fontane

Talent für das,
was du kannst,
bedeutet Erfolg – Talent für das,
was du willst, Glück.

Karl-Heinz Karius

Glücklichsein
heißt auch,
sich **selbst**
zu mögen,
so wie man ist.

unbekannt

Foto: plainpicture/Folio Images/Anna Nildén

Glück ist ...
das Leben anzunehmen,
wie es ist.

Es gibt nur einen Weg
zum Glück und der bedeutet,
aufzuhören mit der **Sorge** um Dinge,
die jenseits der Grenzen
unseres Einflussvermögens liegen.

Epiktet

Entspannung

Foto: lienkie/iStock/Thinkstock

Schon ein Blick in die
Natur genügt,
um glücklich zu sein.

Friederike Weichselbaumer

Glück ist …

… sich ganz
in einer erfüllenden
Arbeit zu verlieren …

… und dabei zu sich
selbst zu **finden.**

Foto: Dougal Waters/Photographer's Choice/Getty Images

Wenn man kein Glück in einem **Garten** finden kann – wo kann man es dann finden?

Anthony Paul

Das wahre Glück im Leben,
das sind die kleinen Sonnenstrahlen,
die uns **jeden Tag** auf den
Weg fallen.

unbekannt

Sonnenstunden

Foto: Roxana_ro/iStock/Thinkstock

Lass dich vom

Glück finden!

unbekannt

Wenn du aufhörst, es zu suchen,
findest du das Glück.

Johann Wolfgang von Goethe

Wenn wir all das Schöne,
das wir erleben, und all
die Ereignisse, die uns glücklich
machen, als **kleine Wunder**
ansehen, dann ist das Leben
einfach wunderbar.

Irmgard Erath

Staunen

Foto: Ti_ser/iStock/Thinkstock

Glück ist ...

sich abends die Glücksmomente des Tages

in **Erinnerung** zu rufen.

Den Augenblick zu nützen,
bei jedem Schritt auf dem Wege
an den Abend zu denken,
die größtmögliche Zahl
glücklicher Stunden zu
verleben, das ist Weisheit.

Ralph Waldo Emerson

Wenn nur der eigene
Schatten dich vom Glück trennt,
dann wünsche dir den Mut,
im richtigen Moment darüber
zu springen.

Irmgard Erath

Foto: UrosPoteko/iStock/Thinkstock

Entschlossenheit

Versuchungen sollte man nachgeben.
Wer weiß, ob sie wiederkommen.
Oscar Wilde
Foto: Jessilil/Photocase

Man **bereut** nie,
was man getan, sondern
immer, was man nicht
getan hat.

Marc Aurel

Foto: panic_attack/iStock/Thinkstock

Wenn du glücklich bist, fangen deine Träume
in den **schönsten Farben** an zu leuchten.

Paul Hufnagel

Es liegt sehr oft nur an uns,
unserem Alltag die kleinen
Lichttupfer zu geben,
die alles heiterer machen.

Aenne Burda

Foto: raperonzolo/Photocase

Das Glück klopft ungern an.
Lassen wir ihm die Tür **offen.**
Karl-Heinz Karius

Wer eine Türe
zu seinem **Herzen** öffnet,
der gibt dem Glück
ein Zuhause.

Ottilia Maag

Was der
Sonnenschein
für die Blumen ist,
das sind lachende
Gesichter für die
Menschen.

Joseph Addison

Foto: Stocksnapper/Photocase

Schenk dem Nächsten,
der dir begegnet, ein Lächeln,
und du hast ein
kleines Glück **verschenkt.**

Monika Minder

Froh und glücklich machen,
trösten und erfreuen, ist im Grunde
doch das **Glücklichste** und Beste,
was der Mensch auf dieser Erde
auszurichten vermag.

Adolph Kolping

Nur das fröhliche
Herz ist fähig,
Wohlgefallen am
Guten zu finden.

Immanuel Kant

Foto: plainpicture/Lubitz + Dorner

Die **Natur** gibt dir
viele Möglichkeiten,
Glück zu spüren.

Paul Hufnagel

Foto: mahun/Photocase

Foto: MisterQM/Photocase

Einfach in der
Sonne stehen und spüren,
dass du lebst, ist Glück.

Ingrid Koller

Glücklich der Mensch,
der sich an Kleinigkeiten freut.
Er wird **Großartiges** entdecken.

Matthias Blaha

Foto: iStockphoto/Kamisoka

Foto: ssss1gmel/iStock/Thinkstock

Gelassenheit

Wünsche nichts vorbei
und wünsche nichts zurück.
Nur ruhiges Gefühl
der **Gegenwart** ist Glück.

Friedrich Rückert

Glück ist ...

... mit **allen Sinnen**
wahrzunehmen:
sehen, hören, riechen,
schmecken, fühlen ...

... und sich über die
wunderbaren **Geschenke**
zu freuen, die uns die Natur macht.

Der Duft der Dinge
ist die Sehnsucht,
die sie in uns
erwecken.

Christian Morgenstern

Foto: StockFood/Rogge & jankovic

Foto: Herr Specht/Photocase

Formel meines Glücks: Ein Ja, ein Nein,
eine gerade Linie, ein **Ziel.**

Friedrich Nietzsche

Glücklichsein bedeutet
im Grunde, einem Ziel zu folgen –
mit ganzem **Herzen.**

William H. Sheldon

Mußestunde

Foto: Karin Smeds/Folio Images/Getty Images

Eine Stunde, wenn sie **glücklich** ist,
ist viel. Nicht das Maß der Zeit
entscheidet, wohl aber
das Maß des Glücks.

Theodor Fontane

Foto: RBouwn/iStock/Thinkstock

Das Glück ist überall,
wo die Leute **Augen** dafür haben.

Raoul Follereau

Wenn ich mitten im Alltag innehalte
und gewahr werde, wie viel mir
geschenkt ist, werden die zahllosen
Selbstverständlichkeiten
zu einer Quelle des Glücks.

Gustave Flaubert

Frage die Pflanzen,
warum sie im **Wechsel**
ruhen und wachsen.

Helmut W. Brinks

Foto: luchschen/iStock/Thinkstock

Die Zeit bringt Rat.
Erwartet's in Geduld!
Man muss dem Augenblick
auch was **vertrauen.**

Friedrich Schiller

Zufriedenheit

Glück ist,
sich selbst **genug** zu sein.

Arthur Schopenhauer

Das Wichtigste bei unserer Suche
nach dem Glück ist, dass wir
an den **kleinen Freuden** nicht
vorübergehen.

Irmgard Erath

Foto: plainpicture/Narratives/Brent Darby

Freude ist ein Geschenk des Lebens.

Gudrun Kropp

Die Hoffnung
auf **Genuss**
ist fast so süß,
als schon erfüllte
Hoffnung.

William Shakespeare

Foto: kemai/Photocase

Die wesentlichen Dinge,
um in diesem Leben Glück zu
erlangen, sind: etwas zu
vollbringen, etwas zu lieben
und auf etwas zu **hoffen.**

Joseph Addison

Kleinen Wundern
nachspüren, heißt die
Schönheit der Welt
entdecken.

Angelika Emmert

Inspiration
Foto: marenzeller/Photocase

Wer sein Glück
zu sehr von seiner **Vernunft**
abhängig macht, hat schließlich
gar keines mehr.

Nicolas Chamfort

Vorsicht ist die Einstellung,
die das Leben sicher macht, aber selten glücklich.

Samuel Johnson

Es ist schön,
mit den kleinen
Dingen **glücklich**
zu sein.

Jeremias Gotthelf

Foto: balticboy/iStock/Thinkstock

Wenn unser Herz bereit ist,
die **Glücksmomente** aufzunehmen,
werden wir erstaunt sein,
wie viele glückliche Augenblicke
auf uns zukommen.

Aenne Burda

Wer dem großen Glücke
nachläuft, entläuft der **Ruhe.**
Sprichwort
Foto: poloppphoto/fotolia

Kehr in dich **still** zurück,
ruh in dir selber aus,
so fühlst du das
höchste Glück.

Friedrich Rückert

Glücklich zu sein,
erfordert etwas zu tun,
etwas zu lieben und
etwas zu haben,
worauf man hoffen kann.

aus Afrika

Foto: Gyro Photography/amanaimages/Getty Images

Das ganze
Leben ist eine
Fahrt ins **Blaue.**

Erhard Blanck

Glück ist ...

... mit dem **Fahrrad**
drauf los zu fahren,
den Fahrtwind um
die Nase zu spüren ...

... und dabei zu bemerken,
wie auch die Gedanken auf
einmal ganz **leicht** werden.

Die Ruhe, die der
Geist genießt, wenn er
sich selbst gemäß leben darf,
ist das einzig wahre,
unzerstörbare Glück.

Malwida von Meysenbug

Es gibt kein
vollkommeneres
Glück als die
Ruhe in sich
selbst.

Günter Goepfert

Foto: Flora Press/The Garden Collection/FLPA

Foto: plainpicture/Yo Oura

Nur was du **loslassen** kannst,

macht dich wahrhaft frei.

Anne Hamacher

Welch Glück ist's,
ein leichtes,
ein **freies Herz** zu haben!

Johann Wolfgang von Goethe

Glück ist ...

... zu genießen,
was einem das
Leben schenkt ...

... und die **Erinnerung**
daran noch lange
zu bewahren.

Das wahre Glück

liegt im **Genuss.**

F. d. La Rochefoucauld

Foto: Hakan Jansson/Maskot/Getty Images

Fantasie

Foto: jessili/Photocase

Glück ist ...

... das **Mögliche**
nicht nur zu
denken ...

... sondern auch
zu **wagen.**

Aber liegt nicht
in jedem großen Augenblick,
gleichviel ob er hell oder
dunkel, richtig oder falsch,
ein **Glück?**

Christian Morgenstern

Jeder glückliche
Moment verdient
Dankbarkeit.

unbekannt

Foto: Ingram Publishing/Thinkstock

Das Dasein ist köstlich,
man muss nur den Mut haben,
sein **eigenes Leben**
zu führen.

Giacomo Casanova

Foto: Henrik_L/iStock/Thinkstock

Glückliche Tage schenken

glückliche **Erinnerungen.**

Angelika Emmert

Jeder Tag mit
glücklichen Augenblicken
ist ein **Glückstag.**

Ernst Ferstl

Foto: Grand Tour/Corbis

Glück ist ...

... nicht nur kleine
Wunder im **Alltag**
zu entdecken ...

... sondern auch selbst
welche zu **schaffen.**

Das Geheimnis des
Glücks ist die **Freiheit.**

Perikles

Foto: iStockphoto/Martin Meehan

Wir sind dort frei,
wo wir ganz wir **selbst** sein dürfen.

Roswitha Bloch

Foto: StockFood/Visions B.V.

Glücklich ist, wer sich auf die Kunst versteht,
aus den **Blumen** in Reichweite einen Strauß zu binden.
B. G.

Blumen machen die
Menschen fröhlicher, glücklicher und
hilfsbereiter. Sie sind der Sonnenschein,
die Nahrung und die Medizin
für die **Seele.**

Luther Burbank

Dass ich glücklich bin,
die Sachen **leicht** nehme,
rasch lebe, das ist
mein Glück.

Johann Wolfgang von Goethe

Das Glück deines Lebens
hängt von der Beschaffenheit
deiner **Gedanken** ab.
Marc Aurel
Foto: Qpicimages/iStock/Thinkstock

Foto: pavelgr/iStock/Thinkstock

Das Glück ist
eine scheue Pflanze,
die am besten auf dem Boden
von Vertrauen, Hoffnung und
Liebe **gedeiht.**

Ottilia Maag

Glück ist nie genau das,
was man sich darunter
vorgestellt hat.

William Somerset Maugham

Glücklich sein heißt, das **Beste** aus allem zu machen.

unbekannt

Foto: Julie Dansereau/GAP Photos/Getty Images

Foto: hxdbzxy/iStock/Thinkstock

Man kann nicht
jeden Tag blühen,
aber **wachsen.**

Thomas Romanus

Wo Liebe, Vertrauen und
Geduld zu Hause sind,
da fühlt sich auch
das **Glück** daheim.

Irmgard Erath

Mancher rennt dem Glück nach und weiß nicht,
dass er's **zu Hause** hat.

Adolph Kolping

Die schönsten,
angenehmsten Tage sind nicht die,
an denen großartige, aufregende
Dinge passieren, sondern die
mit einfachen, netten Augenblicken,
die sich aneinanderreihen
wie **Perlen** auf einer Schnur.

Lucy Maud Montgomery

Foto: Flora Press/Pavel Ovsik

Die Kleinigkeiten, die dich im Alltag zu erfreuen vermögen, sind Glücksmomente für **Zwischendurch.**

Yvonne Mölleken

Das Glück strahlt
zurück wie
das Licht des
Himmels.

Washington Irving

Das Glück ist wie die Sonne.
Ein wenig **Schatten** muss sein,
wenn es dem Menschen
wohl werden soll.

Otto Ludwig

Wer sich über
Kleinigkeiten freuen kann,
wird vom Leben reich
beschenkt.

Friederike Weichselbaumer

Foto: Shikhar Bhattarai/iStock/Thinkstock

Augenblicke,
die uns erfüllen,
wärmen unser **Herz**
für lange Zeit.
Angelika Emmert
Foto: James Agnew/iStock/Thinkstock

Der Liebe Licht,
des Herzens Schein,
was braucht man mehr
zum **Glücklichsein.**

Walter Reisberger

Wenn wir
glücklich sind,
kann jeder Tag
zu einem **Festtag**
werden.

Ernst Ferstl

Foto: plainpicture/Narratives/Alun Callender

Glück ist ...

... spontan mit
Freunden ein **Fest**
zu feiern ...

... und die
Freude am Leben
miteinander zu teilen.

Das Glück gehört denen,
die sich selbst **genügen.**

Aristoteles

Mit **wenigem** lebt
es sich glücklich.

Horaz

Glück ist ...

... sich nicht nur über
das **Licht** in seinem
Leben zu freuen ...

... sondern auch
den **Schatten**
zu akzeptieren.

Foto: plainpicture/Elektrons 08

Wer Sonne im
Herzen hat,
ist ein guter
Freund des
Glücks.

Paul Hufnagel

Foto: Stockfotoart/iStock/Thinkstock

Es gibt kein größeres Glück
für den Menschen,
als im harmonischen **Einklang**
mit sich selbst zu leben.

Erich Limpach

Geduld ebnet dem
Glück alle Wege.

Laura Corelli

Foto: Pesky Monkey/E+/Getty Images

Freunde sind der
Glücksklee auf unserer
Lebenswiese.

Angelika Emmert

Man muss sein Glück teilen,
um es zu **multiplizieren.**

Marie von Ebner-Eschenbach

Wer an das Glück glaubt,
der hat Glück.
Friedrich Hebbel
Foto: bluejeansw/fotolia

Ein Lächeln schenken

Geschenke sollen ein Lächeln auf Gesichter zaubern und die Welt für einen Moment zum Stehen bringen. Für diesen Augenblick entwickeln wir mit viel Liebe immer neue GROH Geschenke, die berühren.

In ihrer großen Themenvielfalt und der besonderen Verbindung von Sprache und Bild bewahren sie etwas sehr Persönliches.

Den Menschen Freude zu bereiten und ein Lächeln zu schenken, das ist unser Ziel seit 1928.

Ihr

Joachim Groh

GROH

Glücksmomente

für jeden Tag

Bildnachweis:
Titelbild: bluejeansw/fotolia.
Grafische Gestaltung: Fuet/iStock/Thinkstock (Pusteblume), iStockphoto/mxtama (Zweige).

Textnachweis:
Wir danken allen Autoren bzw. deren Erben, die uns freundlicherweise die Erlaubnis zum Abdruck von Texten erteilt haben. Ebenso bedanken wir uns beim Verlag Aenne Burda für die Abdruckgenehmigung der Aphorismen auf S. 97 und S. 133, © Verlag Aenne Burda GmbH & Co. KG.

Layout: Doris Wohofsky

Satz: Konstantin Wohofsky

Idee und Konzept:
GROH Verlag. Printed in Malaysia.

ISBN 978-3-8485-1204-1
GROH Verlag GmbH, 2014

147005-5052-01